BEI GRIN MACHT SICH IHR WISSEN BEZAHLT

Kristine Langenstein

Entwicklung der Geschlechtsrolle

GRIN Verlag

Bibliografische Information der Deutschen Nationalbibliothek:

Die Deutsche Bibliothek verzeichnet diese Publikation in der Deutschen National-
bibliografie; detaillierte bibliografische Daten sind im Internet über http://dnb.d-
nb.de/ abrufbar.

Impressum:

Copyright © 2006 GRIN Verlag, Open Publishing GmbH
Druck und Bindung: Books on Demand GmbH, Norderstedt Germany
ISBN: 978-3-640-82325-3

Dieses Buch bei GRIN:

http://www.grin.com/de/e-book/166318/entwicklung-der-geschlechtsrolle

GRIN - Your knowledge has value

Der GRIN Verlag publiziert seit 1998 wissenschaftliche Arbeiten von Studenten, Hochschullehrern und anderen Akademikern als eBook und gedrucktes Buch. Die Verlagswebsite www.grin.com ist die ideale Plattform zur Veröffentlichung von Hausarbeiten, Abschlussarbeiten, wissenschaftlichen Aufsätzen, Dissertationen und Fachbüchern.

Besuchen Sie uns im Internet:

http://www.grin.com/

http://www.facebook.com/grincom

http://www.twitter.com/grin_com

Universität Koblenz-Landau

Campus Landau

Institut für Psychologie

Wintersemester 2005/2006

Seminar: Entwicklungspsychologie „Persönlichkeitsentwicklung"

Thema: Entwicklung der Geschlechtsrolle

Ausarbeitung der Präsentation vom 02.02.06 von Kristine Langenstein

Magister Psychologie (Nebenfach), 3. Semester

Inhaltsverzeichnis

Einleitung

In der folgenden Hausarbeit „Entwicklung der Geschlechtsrolle" möchte ich aufzeigen wie die Geschlechtsrollen entstehen und wodurch sie beeinflusst werden. Dabei gehe ich auch auf die Rolle der Gesellschaft ein, da Individuation (Persönlichkeitsreifung) immer in Wechselwirkung mit Sozialisation (Einwirkungen der sozialen Umwelt auf das Individuum und aktive Verarbeitung dieser Einflüsse) steht. Vorab stelle ich kurz den biologischen Ansatz vor. Nachkommend geht es darum wie Jungen und Mädchen ihre Geschlechtsidentität entwickeln. Dies beinhaltet die Erkenntnis, dass es überhaupt zwei verschiedene Geschlechter gibt und dass das eigene Geschlecht konstant ist. Im dritten Abschnitt setze ich mich damit auseinander, wie sich Geschlechtsrollenstereotype (allgemein geteilte Vorstellungen über Charakteristika, die als typisch für Jungen (Männer) und Mädchen (Frauen) angesehen werden und beide Gruppen von einander unterscheidet) bilden, entwickeln und ausprägen und welche Rolle dabei das soziale Umfeld und die Umwelt spielt. Schließlich untersuche ich die Entwicklung geschlechtstypischen Verhaltens. Dies geschieht durch eine Analyse des Spielverhaltens der Kinder.

Biologischer Ansatz

Im vielschichtigen Entwicklungsprozess der Geschlechtstypisierung gibt es mehrere Erklärungsansätze. Einige davon möchte ich im Folgenden umreißen. Bevor ich die kognitiven Leistungen und die soziale Lerntheorie anspreche, beschäftige ich mich mit dem biologischem Ansatz.

Unter Geschlecht versteht man die prinzipielle Unterscheidung zweier Lebewesen, die sich zum Zweck der Fortpflanzung miteinander vereinen, folglich deren genetische (chromosomale), gonadale (hormonelle) und genitale (somatische) Ausstattung. Als **genetisches** oder **chromosomales Geschlecht** wird jene Einteilung in männlich und weiblich verstanden, die sich auf die chromosomale Ausstattung des Individuums bezieht. Dabei haben männliche Individuen im Chromosomenpaar 23 den Chromosomensatz XY, weibliche den Chromosomensatz XX.

Unter dem Einfluss der Chromosomen bilden sich männliche und weibliche Gonaden. Als **gonadales Geschlecht** wird die Zuordnung zum weiblichen oder männlichen Geschlecht anhand des Geschlechtsmerkmals "Keimdrüse" - Eierstock oder Hoden - bezeichnet. Aufgrund der Hormonproduktion durch die Keimdrüsen wird das gonadale Geschlecht deshalb auch als **hormonales / hormonelles Geschlecht** bezeichnet.

Das gonadale Geschlecht führt in der ungestörten weiteren Embryonalentwicklung mit der Produktion der entsprechenden Sexualhormone zur Ausbildung des genitalen Geschlechts, das anhand der äußeren Geschlechtsorgane definiert wird (Wikipedia).

„Da im Normalfall das chromosomale, gonadale und genitale Geschlecht übereinstimmen und das Erziehungsgeschlecht und die subjektive Geschlechtsidentität wiederum dem biologischen Geschlecht entsprechen, lässt sich in den Fällen einer normalen Entwicklung nicht entscheiden, welches Gewicht den einzelnen Faktoren jeweils zukommt. (Trautner, 2002: 666). Das heißt, wenn in der Entwicklung alles „normal" verläuft und ein biologisches Mädchen (das sich auch als Mädchen wahrnimmt) wie ein Mädchen und ein biologischer Junge (der sich als Junge wahrnimmt) wie ein Junge erzogen werden, hat man bisher keine Erkenntnisse darüber welchen Einfluss die einzelnen Ebenen auf das spätere Verhalten der Kinder ausüben. Man geht von der Annahme aus, dass Geschlechtsunterschiede auf eine Vielzahl sich wechselseitig beeinflussender Faktoren zurückgehen, von welchen ich hier die Geschlechtsrolle und deren Einfluss auf das Verhalten von Kindern in den Mittelpunkt stelle.

Geschlechtsidentität und Geschlechtskonstanz

Schon sehr früh (etwa mit 10-14 Monaten) erkennen Kindern dass Menschen in zwei Kategorien eingeordnet werden können: männlich und weiblich. Noch bevor sie sich selbst zu einer dieser Kategorien zählen, beginnen sie die Welt in männlich und weiblich zu ordnen.

Zwischen dem richtigen Benennenkönnen und der wirklichen Einsicht, das es sich beim Geschlecht um ein naturgegebenes und unveränderliches Merkmal eines Menschen handelt besteht aber noch ein großer Unterschied.

Einige Untersuchungen Trautners (1991) zeigen, dass ein volles Verständnis der Geschlechtskonstanz bei vielen Kindern erst gegen Ende des Grundschulalters erreicht wird.

Denn die Geschlechtskonstanz „beinhaltet die überdauernde Selbstwahrnehmung als männlich oder weiblich" (Trautner, 1991: 335). Die Kinder wissen zwar zu welchem Geschlecht sie gehören, aber sie sind sich noch nicht im klaren darüber, dass sie ihr Geschlecht nicht wechseln können, sei es durch Veränderung der äußerlichen Erscheinung (z.B. Jungenhaarschnitt bei Mädchen) oder durch Äußerung geschlechtstuntypischen Verhaltens (z.B. mit Puppen spielen bei Jungen).

Dabei wird zwischen einer globalen und einer inhaltlich umschriebenen Geschlechtsidentität unterschieden. Während sich letztere mit der Art und dem Grad „der Selbstzuschreibung männlicher oder weiblicher Merkmale" beschäftigt, geht es bei der globalen Geschlechtsidentität um die „bloße Selbstkategorisierung als männlich oder weiblich". (ebd.) Es lassen sich drei Stufen der Geschlechtskonstanzentwicklung festmachen:

- **1. Stufe**: Mit zwei bis drei Jahren können die Kinder sich und andere dem richtigen Geschlecht zuordnen *(Identität)*. Die Selbstkategorisierung wird unterstützt durch die wahrgenommenen Merkmalsähnlichkeiten der eigenen Person und geschlechttypischen Merkmalen anderer Personen (z.B. Haarlänge und Kleidung).

- **2. Stufe**: In der nächsten Stufe, etwa mit drei bis sechs Jahren, erkennen die Kinder die Konstanz der Geschlechtszugehörigkeit in Vergangenheit und Zukunft (Stabilität). Dennoch denken viele Kinder, dass „der Wunsch dem anderen Geschlecht anzugehören, erfüllbar ist" (Trautner, 1991: 336). Es bilden sich (in der Regel) positive Einstellungen zu der eigenen Geschlechtergruppe bzw. Geschlechtsrolle. In diesem Stadium bilden Kinder geschlechtshomogene Spielgruppen, weil sie unterschiedliche Spielstile entwickeln, und dieser unterschiedliche Spielstil macht den gleichgeschlechtlichen Partner zu einem verträglicherem Spielgefährten. Jungen spielen aggressiver, rauer, dass wirkt auf andere Jungen anziehend. Mädchen versetzt diese Art zu spielen in Abwehrhaltung. Der „Mädchen-Stil" wirkt auf andere Mädchen einladend, Jungen erscheint dieser Stil uninteressant. (Maccoby, 1980)

- **3. Stufe**: Erst in der dritten Stufe mit etwa sechs Jahren, realisieren die Kinder die Konstanz des Geschlechts und können sich und andere auch bei Verkleidungen und Rollenspielen, eindeutig dem richtigen Geschlecht zuordnen. Weil sie jetzt wissen, dass die Grundlage der Geschlechtsbestimmung die Genitalien sind.

Auf dieser Ebene angelangt werden die Geschlechtsrollen nicht mehr wie Naturgesetze oder moralische Gebote angesehen, sondern als soziale Konventionen erkannt. (Carter/Patterson, 1982)

Zum Verständnis der Geschlechtskonstanz sind demnach zwei kognitive (auf Erkenntnissen beruhenden) Leistungen nötig:

- 1. Die Unterscheidung zwischen (vorübergehender) äußerer Erscheinungsform (z.B. Verkleidung) und (bleibender) erschlossener Wirklichkeit.

- 2. Die Erkenntnis der biologischen (genitalen) Grundlage der Geschlechtszugehörigkeit und ihrer Unveränderlichkeit.

Geschlechterstereotype oder Geschlechtsrollenstereotype

In unserer Kultur haben die meisten Menschen recht enge und stereotype Vorstellungen darüber, wie sich Frauen oder Männer zu verhalten haben (Geschlechtsrollenstereotypen). Es wird unterstellt, „dass sich die Geschlechter in Fähigkeiten, Persönlichkeitsmerkmalen und Interessen unterscheiden. Solche allgemein geteilten Vorstellungen über Charakteristika, die als typisch [weiblich oder männlich] angesehen werden und beide Gruppen voneinander unterscheiden, bezeichnet man meist als Geschlechterstereotype oder Geschlechtsrollenstereotype" (Trautner, 1991). Dabei wird von der Geschlechtsgruppe und nicht von individuellen Merkmalen einer Person ausgegangen.

Um Geschlechtsrollenstereotype zu erfassen, werden den Versuchspersonen Merkmale gezeigt, die sie dann dem aus ihrer Sicht passenden Geschlecht zuordnen sollen.

Geschlechtsrollenstereotype bilden sich bereits im Alter von zwei bis drei Jahren aus. Kinder haben mit Erreichen des Grundschulalters die Geschlechtszuordnungen der kulturellen und gesellschaftlichen Geschlechtsrollenstandards bezüglich Spielzeug (z.b. Puppen sind für Mädchen, Autos sind für Jungen), Aktivitäten (z.B. Mädchen helfen der Mutter in der Küche, Jungen helfen dem Vater in der Garage) und Berufsrollen (z.B. Mädchen möchten Kindergärtnerinnen und Jungen Polizisten werden) verinnerlicht. Dagegen werden geschlechtstypische Persönlichkeitsmerkmale erst später realisiert. Geschlechtsunterschiede werden besonders dort wahrgenommen, wo das eigene Geschlecht bevorzugt wird.

Trautner untersuchte (1991) in einer Längsschnittstudie die Entwicklung von Geschlechtsrollenstereotypen. Die Versuchsgruppe bestand aus Mädchen und Jungen, die zwischen vier und zehn Jahren alt waren und die Aufgabe hatten, Aussagen zu geschlechtstypischen Aktivitäten und Persönlichkeitseigenschaften von Kindern und Erwachsenen auf einer fünfstufigen Skala danach zu beurteilen, zu welchem Geschlecht sie am ehesten passen oder ob sie geschlechtsneutral sind. Dabei wurde folgendes Entwicklungsmodell bestätigt, das von drei Entwicklungsphasen ausgeht:

- In der **ersten Phase** besteht noch *relative Unsicherheit* oder *Unkenntnis* über geschlechtstypische Merkmale. Daher sind die Geschlechtszuordnungen eher zufällig.

- Im Alter von vier bis fünf Jahren erfolgt der Übergang zur *rigiden* (starren) Stereotypisierung. Diese **zweite Phase** ist gekennzeichnet durch ausschließende Merkmalszuschreibungen. Sobald ein Kind gelernt hat, dass ein Mensch entweder männlich oder weiblich sein kann, werden auch bestimmte Verhaltensweisen (z.B. mit Werkzeug etwas reparieren; zu Hause putzen, stricken, kochen) oder Persönlichkeitseigenschaften (z.B. stark, mutig, grausam sein; hübsch, ängstlich, zärtlich sein) als ausschließlich männlich oder weiblich eingestuft.

- Die **dritte Phase** beginnt mit etwa acht Jahren und wird geprägt von zunehmend *flexiblen* (geschlechtstypischen) und geschlechtsneutralen Zuordnungen. „In Bereichen, wo eine starke soziale Betonung der Geschlechtsdifferenzierung zu beobachten ist (z.B. bei Spielzeug oder bei Berufstätigkeiten) ist Flexibilisierung der kindlichen Konzepte eher verlangsamt" (Trautner, 2002). Die flexible Phase muss nicht unbedingt der Abschluss der Entwicklung sein.

In der Adoleszenz und im Erwachsenenalter bleibt die globale Geschlechtsidentität (das Selbsterleben als männlich oder weiblich) erhalten, auch die bevorzugte Orientierung an der eigenen Geschlechtsgruppe dominiert weiterhin. Aber es stellen sich nun, mit dem Eintritt in die Pubertät, später mit dem Eintritt ins Berufsleben und der Entstehung dauerhafter Partnerbeziehungen neue Entwicklungsaufgaben, die zu einer allmählichen Verschiebung der zentralen Inhalte der Geschlechterrolle führen. Im Jugendalter werden teilweise zum ersten Mal bestimmte Zusammenhänge thematisiert. Man akzeptiert den eigenen männlichen bzw. weiblichen Körper, man baut eine sexuelle Orientierung aus und nimmt neuartige Beziehungen zu Gleichaltrigen auf. Nach und nach setzt man sich mit den gesellschaftlich vorgegebenen Geschlechtsrollen auseinander und versucht für das andere Geschlecht attraktiv zu sein.

Da die Adoleszenz und das Erwachsenenalter sehr umfangreiche und eigenständige Themen sind beschränke ich mich auf die Entwicklungsprozesse im Kindesalter.

Da man Übereinstimmungen von kindlichen und kulturellen Geschlechtsrollenstereotypisierungen festgestellt hat, geht man in der Forschung davon aus, dass die Inhalte dieser Typisierungen wesentlich durch die Geschlechtsrollendifferenzierung in der sozialen Umwelt bedingt sind. Diese können selbst (direkt) oder indirekt, z.B. durch im Fernsehen oder in Büchern vermittelte Rollendifferenzierungen erfahren werden. Um diese Zusammenhänge besser darstellen zu können bedient man sich der *Sozialen Lerntheorie*. Innerhalb der sozialen Lerntheorie lassen sich zwei Erklärungsansätze unterscheiden: 1. die Bekräftigungstheorie und 2. die Imitationstheorie.

Nach der **Bekräftigungstheorie** lernen Kinder geschlechtsangemessenes und geschlechtunangemessenes Verhalten zu unterscheiden, indem sie die unterschiedlichen Häufigkeiten eines Verhaltens bei männlichen und weiblichen Personen beobachten und die unterschiedlichen Konsequenzen registrieren.

Die Bekräftigungstheorie basiert auf drei aufeinander aufbauenden Hypothesen (Trautner, 1994, 1997):

a) Man geht davon aus, dass von Mädchen und Jungen unterschiedliches Verhalten erwartet wird. Das heißt aber nicht, dass Eltern ihre Kinder nach den gängigen Geschlechterstereotypen erziehen, die Erziehungsziele in bezug auf den Erwerb von geistigen und sozialen Kompetenzen für beide Geschlechter sind weitgehend übereinstimmend.

b) Es konnten unterschiedliche Reaktionen der Eltern auf das Verhalten von Jungen und Mädchen nachgewiesen werden. Jungen werden beim Leistungs- und Wettbewerbsverhalten, der Unabhängigkeit und Affektkontrolle stärker unterstützt. Aber sie werden auch generell öfter bestraft. Mädchen erfahren mehr Zärtlichkeit und Zuwendung. Eltern unterstützten bei ihnen Sauberkeit und unterbinden wilde Spiele (weniger Bewegungsfreiheit).

c) Die Geschlechtstypisierung von Jungen und Mädchen nimmt wegen der unterschiedlichen Bekräftigungen der Eltern zu. Für diese Hypothese gibt es noch keine Längsschnittuntersuchungen, die den Zusammenhang zwischen unterschiedlicher Bekräftigung und der Zunahme geschlechtstypischen Verhaltens nachweisen.

Man darf nicht außer Acht lassen, dass der Einfluss Gleichaltriger in bezug auf Bekräftigung und Bestrafung geschlechtsangemessenen oder unangemessenen Verhaltens ungleich höher ist als der Einfluss der Eltern. Durch die Bevorzugung gleichgeschlechtlicher Gruppen wird dieser Einfluss noch verstärkt. (In einer Jungengruppe wird es nicht geduldet wenn ein Mitglied geschlechtsunangemessenes Verhalten z.B. weinen, zeigt.)

Nach der Imitationstheorie ist weniger die direkte Bekräftigung entscheidend, sondern die Beobachtung des Verhaltens eines Modells, und ob ein geschlechtsangemessenes bzw. geschlechtsunangemessenes Verhalten belohnt oder bestraft wird. Diese Annahme lässt sich in drei voneinander unabhängige Teilhypothesen untergliedern (Trautner, 1979, 1997):

a) Differentielle Beobachtungshäufigkeit. In den westlichen Industrienationen haben Kinder gleichviel Gelegenheit zur Beobachtung (realer und symbolischer) männlicher und weiblicher Modelle. Allerdings sind sie in ihren ersten Lebensjahren häufiger mit weiblichen Modellen (Mutter, Kindergärtnerin, Lehrerin, Tagesmutter, Kinderschwester) zusammen. Da in unserer Gesellschaft die Erziehung von Kindern ein stark von den Frauen dominierter Bereich ist bekommen die Kinder beiderlei Geschlechts wesentlich mehr Informationen über die weibliche als über die männliche Rolle. Das könnte einer der Gründe sein für die Tatsache, dass für die Kinder die männliche Rolle enger und stereotyper definiert ist.

b) Selektive Nachahmung. Eine aktive selektive Nachahmung gleichgeschlechtlicher Modelle erfolgt erst wenn geschlechtstypische Einstellungen und Verhaltensweisen bereits ausgebildet worden sind und das Kind seiner Geschlechtsidentität bewusst ist.

c) Elternidentifikation. Nach dieser Hypothese wird der gleichgeschlechtliche Elternteil bevorzugt nachgeahmt. Folglich müssten Söhne ihren Vätern ähnlicher sein als ihren Müttern, das konnte durch Studien nicht bestätigt werden.

Im Laufe des Vorschulalters nimmt die selektive Nachahmung gleichgeschlechtliche Modelle zu, es ist aber eher ein Ergebnis kognitiver (auf Erkenntnissen beruhenden) Verarbeitungsprozesse als die Grundlage des Aufbaus der Geschlechtsidentität. Die Bedeutung kognitiver Grundlagen von Geschlechtsrollenstereotypisierungen wird vor allem deutlich, wenn man nach den Gründen für die vorgenommene Geschlechterdifferenzierung fragt. Dabei stellt sich heraus, dass Kinder im Vorschulalter vorwiegend soziale Normen als Begründung angeben, wohingegen mit zunehmendem Alter die eigene Motivation als Grund herangezogen wird.

Auffälligerweise werden dabei fehlende maskuline Eigenschaften bei Mädchen oder Frauen mit mangelnden Fähigkeiten und fehlende feminine Eigenschaften bei Jungen oder Männern mit mangelnder Motivation begründet. Dies „kann als Ausdruck einer Höherbewertung und größeren Attraktivität der männlichen Rolle in unserer Gesellschaft interpretiert werden" (Trautner, 1991: 344).

Außerdem erscheint es als notwendig, zwischen individuellen Geschlechtsrollenkonzepten (der Akzeptanz) und der Kenntnis kultureller Geschlechtstypisierungen zu unterscheiden. Ältere Kinder wissen besser über Stereotypisierungen, aber auch über Abweichungen von Geschlechtsrollenstandards sowie geringfügige Unterschiede Bescheid.

Entwicklung geschlechtstypischen Verhaltens

„Geschlechtstypisches Verhalten umfasst alle Verhaltensmerkmale, die relativ häufiger oder stärker ausgeprägt bei einem Geschlecht vorkommen" (Trautner, 1991: 353). Da dieser Aspekt zu umfassend ist, wird er meist exemplarisch anhand der Entwicklung des Spielverhaltens untersucht. Dies hat den Vorteil, dass es gerade bei Kindern leicht beobachtbar ist. Es soll vor allem herausgefunden werden, welche Spielzeuge von Jungen/Mädchen bevorzugt werden und in welcher Weise sich ihre Art mit dem gleichen Spielzeug zu spielen unterscheidet. Die Auswahl des Spielzeugs wird bei jüngeren Kindern meist von den Eltern getroffen und erfolgt erst später den Wünschen der Kinder. Eine unterschiedliche Art des Spielens zeigt sich bereits im Alter von zwei bis drei Jahren, dabei ist sie „weniger durch das Geschlecht des spielenden Kindes als durch das Ausmaß der Geschlechtstypisierung des zur Verfügung stehenden Spielmaterials bestimmt" (Trautner, 1991: 354).

Genauer untersuchten *Karpoe* und *Olney* den Einfluss von Jungen- oder Mädchenspielzeug auf geschlechtstypisches Spielverhalten in zwei Experimenten. Sie gingen davon aus, dass die Spielzeugwahl und die Art des Spiels eher vom Spielzeugangebot als vom Geschlecht der Kinder abhängen.

Im ersten Experiment wurden die 15 Jungen und 15 Mädchen zwischen neun und zwölf Jahren dazu aufgefordert aus einem großem Spielzeugangebot aus Puppen, Puppenmöbeln, Autos, Flugzeugen, Tieren und Bauklötzen eine „spannende Szene" aufzubauen. Es stellte sich heraus, dass Mädchen zwar erwartungsgemäß mehr mit Puppen und Puppenmöbeln spielten, Jungen aber nicht die „maskulinen" Spielzeuge bevorzugten.

Im zweiten Experiment, an dem 22 Jungen und 22 Mädchen zwischen neun und zwölf Jahren teilnahmen, fanden die Jungen und Mädchen neben den geschlechtsneutralen Bauklötzen entweder nur Mädchen- oder nur Jungenspielzeug. Dabei wurde ersichtlich, dass „je nach dem, ob Jungen- oder Mädchenspielzeug zur Verfügung stand, [...] maskulin oder feminin gespielt" (Trautner, 1991: 355) wurde.

Allerdings spielten Mädchen mit den geschlechtsneutralen Bauklötzen unter beiden Bedingungen (entweder Jungen- oder Mädchenspielzeug) eher feminin, während bei Jungen feminines und maskulines Spielverhalten gleich häufig auftrat. Also hängt das Spielverhalten wesentlich von der Spielzeugauswahl und weniger vom Geschlecht der Kinder ab.

In einer anderen Untersuchung von Trautner, standen den Kindern sowohl Playmobilobjekte (maskuline/feminine und geschlechtsneutrale), als auch Playmobilfiguren (männliche/weibliche und kindliche/erwachsene) zur Verfügung. Mädchen bevorzugten dabei eher die Spielfiguren und Jungen die Spielobjekte. Außerdem wurde vor allem mit gleichgeschlechtlichen Figuren gespielt. Die Zuordnung der Objekte zu den Figuren entsprach den traditionellen Geschlechtsrollenstereotypen.

Insgesamt soll „die Wahrnehmung und Verarbeitung der eigenen Geschlechtsidentität und der Geschlechtstypisierung in der sozialen Umwelt [...] dazu führen, daß sich das heranwachsende Kind aktiv bemüht, sein Verhalten dem geschlechtstypischen Standart seiner Umgebung anzupassen" (Trautner, 1991: 357). Die Annahme der Geschlechtsrolle kann sich zwar in einem entsprechenden Verhalten zeigen, muss es aber nicht.

Fazit

Hier möchte ich noch einmal auf die wichtigsten Ergebnisse meiner Arbeit eingehen. Im Alter von 2-3 Jahren können Kinder sich und andere richtig dem männlichen und weiblichen Geschlecht zuordnen. Allerdings begreifen sie erst mit etwa 6 Jahren (oder auch erst gegen Ende des Grundschulalters), dass ihre Geschlechtszugehörigkeit unveränderlich ist. Um dieses zu realisieren ist es notwendig, zwischen Aussehen/Schein (z.B. Verkleidungen) und Wirklichkeit unterscheiden zu können.

Die Entwicklung von Konzepten der Geschlechtsrollenstereotype verläuft ähnlich. Mit 2-3 Jahren können Kinder der weiblichen oder männlichen Rolle bestimmte Merkmale „richtig" zuordnen. Im Grundschulalter sind die meisten kulturellen und gesellschaftlichen Geschlechtsrollenstandards z.B. bezüglich Berufsrollen verinnerlicht. Hier zeigt sich bereits, wie sehr die Entwicklung der Kinder vom sozialen Umfeld beeinflusst wird. Gesellschaftliche Rollen, Normen und Werte werden verinnerlicht und als eigene übernommen. Die Untersuchungen haben weiterhin gezeigt, dass die männliche Rolle in unserer Gesellschaft offenbar (zumindest von den Kindern) höher bewertet wird.

Dies wird auch durch die Ergebnisse zur Untersuchung der Geschlechtsrollenpräferenz deutlich. Zwar entwickelt sich gleichermaßen bei Jungen und Mädchen eine Präferenz (Bevorzugung) für die eigene Geschlechtsrolle, diese liegt aber bei Jungen höher als bei Mädchen. Ursache dafür ist zum einen die größere Attraktivität der männlichen Rolle und zum anderen die Nichtakzeptanz femininer Verhaltensweisen bei Jungen. Wenn Mädchen mit Autos spielen wird dies toleriert, wenn Jungen mit Puppen spielen zumeist nicht.

Dass geschlechtstypisches Verhalten anerzogen oder gelernt wird, zeigen auch die Ergebnisse der Analyse des Spielverhaltens der Kinder. Es wird zwar eine unterschiedliche Art des Spielens bei Jungen und Mädchen deutlich, dies liegt aber weniger am Geschlecht des Kindes, sondern vielmehr an dem zur Verfügung stehenden Spielzeug und den damit assoziierten Geschlechtsrollenzuschreibungen. Mit „Jungenspielzeug" wird eher „männlich" und mit „Mädchenspielzeug" eher „feminin" gespielt.

Zusammenfassend lässt sich feststellen, wie sehr die Entwicklung des Kindes vom sozialen Umfeld und den gesellschaftlichen Normen, Werten und Rollen beeinflusst wird. Man wird nicht als typischer Mann oder als typische Frau geboren. Man lernt (ob man will oder nicht) erst im Laufe der Zeit sich mit der eigenen Rolle zu identifizieren.

Literaturverzeichnis:

- Trautner, H.M.(1991). *Lehrbuch der Entwicklungspsychologie. Band 2: Theorien und Befunde.* Göttingen: Hogrefe.
- Trautner, H.M. (1993). Entwicklung der Geschlechtstypisierung. In M. Markefka & B. Nauck (Hrsg.), *Handbuch der Kindheitsforschung.* Neuwied: Luchterhand.
- Trautner, H.M. (1994). Geschlechtsspezifische Erziehung und Sozialisation. In K.A. Schneewind (Hrsg.), *Psychologie der Erziehung und Sozialisation. Enzyklopädie der Psychologie* (Bd. D/1/1). Göttingen: Hogrefe.
- Zimbardo, P.G. & Gerrig, R.J. (1999). *Psychologie* (7. .Aufl.). Berlin: Springer. Kap. 10.6.3
- Trautner, H.M. (2002). Entwicklung der Geschlechtsidentität. In R. Oerter & L. Montada (Hrsg.), *Entwicklungspsychologie* (5. Aufl.). Weinheim: PVU.

02.02.2006
WS 2005/06
Persönlichkeitsentwicklung

Entwicklung der Geschlechtsrolle

Begriff des Geschlechts:
Geschlecht ist die Gesamtheit der Merkmale wonach ein Lebewesen in bezug auf seine
Funktion bei der Fortpflanzung als männlich oder weiblich zu bestimmen ist.

Geschlechterrolle:
Verhaltensmuster, die man in einer bestimmten Gesellschaft jeweils bei Männern und Frauen
für angemessen hält.

Erklärungsansätze für die Entwicklung der Geschlechtsidentität

Biologischer Ansatz:
- Während der vorgeburtlichen Entwicklung bildet sich unter dem Einfluss der
  Geschlechtschromosomen (XX und XY) und der damit einhergehenden Ausbildung
  weiblicher oder männlicher Gonaden (Keimdrüsen: Hoden bzw. Eierstöcke) die für
  die Produktion von Hormonen zuständig sind, das morphologische Geschlecht
  (äußeren Genitalien) aus.
- Pränatale steroide Sexualhormone tragen zu unterschiedlichen Mustern des späteren
  Sozialverhaltens von Jungen und Mädchen bei.
- Unterschiede in der Spezialisierung der beiden Hirnhälften und ein unterschiedliches
  Reifungstempo werden in Zusammenhang mit Unterschieden in der
  Verhaltensentwicklung der Geschlechter gebracht.

Sozialisationstheoretische Ansätze:
- Das Geschlecht ist eine bedeutsame soziale Kategorie, mit der ähnlich wie mit anderen
  sozialen Kategorien (Alter, Schicht, Nationalität) bestimmte Rollenerwartungen
  verknüpft sind. Geschlechtstypische Eigenschaften, Einstellungen und
  Verhaltensweisen werden erlernt, da Erlerntes grundsätzlich auch wieder verlernt
  werden kann, ist die Entstehung der Geschlechtstypisierung weder natürlich noch
  zwangsläufig.

Innerhalb der Sozialisationstheorie lassen sich zwei Erklärungsansätze unterscheiden:

1. Die Bekräftigungstheorie:
Nach dieser Theorie entwickeln sich Unterschiede zwischen Jungen und Mädchen, da von
ihnen unterschiedliches Verhalten erwartet und entsprechend bekräftigt wird. Man geht davon

aus, dass Eltern und andere Personen geschlechtsangemessenes Verhalten unterstützen und belohnen, geschlechtsunangemessenes Verhalten jedoch ignorieren oder sogar bestrafen.

2. Die Imitationstheorie:

Es geht um die Beobachtung des Verhaltens von männlichen und weiblichen Modellen und ob das Modell für geschlechtsangemessenes bzw. geschlechtsunangemessenes Verhalten belohnt oder bestraft wird. Auf diese Art können nicht nur reale Personen, sondern auch symbolische Modelle (in Büchern, im Fernsehen) wirksam werden.

Kognitive Theorie:

Das wachsende Verständnis des Kindes für biologische, soziale und psychische Geschlechterdifferenzierung in seiner sozialen Umwelt steht im Mittelpunkt dieser Theorie. Nach Kohlberg (1966) vollzieht sich dieser Prozess in drei Schritten:

1. Das Kind erkennt seine eigene Geschlechtszugehörigkeit (zwischen 2 und 3 Jahren) anhand von Ähnlichkeiten von äußeren Erscheinungsmerkmalen (Kleidung, Haartracht, Stimme).
2. Es bilden sich geschlechtsbezogene Bewertungssysteme mit dem Ergebnis einer positiven Einstellung zur eigenen Geschlechtergruppe bzw. Geschlechterrolle. Grundlage dafür das zunehmende Verständnis der Geschlechtskonstanz.
3. Dies führt zu einer selektiven Wahrnehmung gleichgeschlechtlicher Modelle und zur Identifikation mit ihnen.

Geschlechterrollenstereotype:

Allgemein geteilte Vorstellungen über Charakteristika, die als typisch für Jungen (Männer) und Mädchen (Frauen) angesehen werden und beide Gruppen von einander unterscheidet.

Entwicklung der Geschlechtsidentität

Frühste Kindheit (0-3 Jahre):
- Die Wahrnehmung der Geschlechtsdifferenzierung beschränkt sich auf äußere Merkmale.
- Das Kind ist noch nicht in der Lage sich selbst nach Geschlechtszugehörigkeit einzuordnen. Dies gelingt mit ca. zweieinhalb bis drei Jahren

Vorschulalter (3-6 Jahre):
- Es fehlt das Verständnis der Geschlechtskonstanz
- Geschlechterrollen werden eher wie Naturgesetze verstanden

Grundschulalter (7-11 Jahre):
- Volles Verständnis der Geschlechtskonstanz
- Erkennen der genitalen Grundlage des Geschlechts
- Geschlechterrolle wird als soziale Konvention erkannt

Erziehungsziele:

In den vergangenen Jahrzehnten hat die Zahl der Eltern zugenommen, die die gängigen Geschlechtsrollenstereotypen zwar kennen, sie jedoch nicht unbedingt als erstrebenswertes Erziehungsziel für die eigenen Kinder betrachten.